AF264197

GABRIEL CHAPELON-GRASSET

PREMIÈRE LETTRE POLITIQUE

LES

ÉLECTIONS

DU 12 OCTOBRE

Prix : 50 centimes.

<table>
<tr><td>PARIS
SAGNIER, LIBRAIRE-ÉDITEUR
9, rue Vivienne, 9.</td><td>TOULOUSE
MASSIP, LIBRAIRE-ÉDITEUR
6, rue Lafayette, 6.</td></tr>
</table>

1873

1

LES ÉLECTIONS DU 12 OCTOBRE

La situation critique dans laquelle nous nous trouvons engagés en ce moment exige de fermes résolutions. L'heure des indécisions est passée, il faut agir. Le peuple le sait : il a voté *tout d'une pièce*. Plusieurs partis acharnés contre la République soulevaient depuis quelque temps contre elle les menées sourdes de la conspiration. Tandis que, confiant dans l'avenir, on allait loyalement vers le but de la pacification en voulant établir définitivement le seul gouvernement accessible à tous, d'infatigables agitateurs accumulaient intrigues sur intrigues, pour saper l'œuvre que le grand libérateur de notre territoire avait si noblement commencée. La France n'aspire qu'après la monarchie, s'écriaient de tous côtés ces *hommes d'ordre,* dont la conduite coupable nous mène inévitablement à une nouvelle effusion de sang, à une meurtrière et longue révolution.

La France n'aspire qu'après la monarchie, dites-vous ? et voici que spontanément, sans passion, sans colère, avec un ensemble parfait, sans qu'aucune pression ait été exercée, quatre départements viennent, le 12 octobre, de vous jeter à la face le démenti formel de vos paroles, la désapprobation complète de vos actes !

Le peuple a parlé ! — Il a compris l'importance de la victoire. Au moment même où l'on veut tronquer sa puissance en falsifiant le suffrage universel, il a tenu à prouver, catégoriquement cette fois, qu'il a bien le droit de se prononcer, et qu'il n'est pas juste de lui imposer un régime dont il ne veut plus, un despotisme dont il ne voudra jamais !

Il est facile de s'intituler conservateur, homme d'ordre et sans parti pris ; il est facile de s'affubler d'une longue série de noms sonores et vides de sens, mais il n'est pas aussi facile d'énoncer franchement sa façon de penser.

Que veulent dire tous vos mots ambigus, s'il vous plaît ?

Nous demandons une explication nette et vraie ; ne noyez pas vos idées dans les interminables phrases sur l'ordre moral, et dites-nous vite qui vous êtes et ce que vous voulez être ; c'est ainsi que les hommes résolus doivent se présenter. Au lieu de cela, vous vous cachez derrière la loyale épée du maréchal de Mac-Mahon, et vous n'osez vous prononcer pour aucune forme de gouvernement. Là-dessous nous flairons la monarchie.

Croyez-vous donc nous tromper ?

Nous savons parfaitement que la monarchie et la République sont en présence, que vous voulez à tout prix de l'une et à aucun prix de l'autre ; et que , si noble , si grande que soit la République, vous lui opposerez toujours votre antique incrédulité.

Nous savons aussi que vous mêlez la divinité à toutes ces choses, que vous traitez d'impie celui qui réclame la liberté que Dieu nous a donné , l'éga lité et la fraternité que le Christ a prêché sur la terre. Vous voulez être religieux à votre manière , et vous ne voulez pas de cette grande religion qui proclame l'humanité, qui veut éclairer celui qui ne sait pas , qui veut élever celui qui est abaissé et qui veut, autant que possible, que le niveau moral et intellectuel de tous s'égalise suivant les règles de la vérité et de la justice.

Vous voulez nous faire suivre aveuglément les vieilles ornières dans lesquelles votre char roule péniblement depuis plusieurs siècles , et vous nous barrez le passage lorsque nous voulons voguer vers de nouvelles voies spacieuses et baignées de lumière. Nous voulons les vastes aspirations, nous voulons de l'air pour nos poumons, du soleil, de la vie, le large espace devant nous ; et vous voulez nous étouffer impitoyablement dans les cachots humides et froids du passé , dans les enchevêtrements honnis du despotisme, dans l'exiguité de votre système.

Nous voulons les coudées franches, vous voulez les bras liés ; nous voulons le progrès, vous voulez la reculade; nous voulons les principes du Christ; vous voulez les principes de Loyola !

Ne comprenez-vous pas que les temps sont changés; qu'au siècle où nous vivons, chaque homme plus éclairé, plus accessible à toutes les idées neuves que la presse quotidienne lui inocule chaque jour, commence à y voir clair et à réfléchir, qu'il ne se laisse plus épouvanter par les spectres ensanglantés que l'on balançait à dessein à ses yeux dès que le mot de République était prononcé, et que ce qui a été possible autrefois est complétement impossible aujourd'hui? Vous venez de le voir aux élections; vous avez en vain prêché la croisade contre les prétendus communards et révolutionnaires, et vous avez complétement échoué en suivant cet ancien mode d'épouvantails. On ne s'y est pas pris. Les gens commencent à apprécier la saveur des mets qu'on vient leur présenter. Il n'est plus aussi facile de fausser la raison et de dénaturer les faits. L'instruction, le suffrage universel ont jeté de nombreux rayons de vérité sur les masses, maintenant le peuple veut voter suivant ses idées et non suivant celles qu'on veut lui imposer.

Et c'est bien pour cela que vous attaquez si vivement le nouvel ordre de choses que tout le monde réclame; c'est bien pour cela que vous vous insurgez contre le suffrage universel et contre l'instruction obligatoire. Vous refusez la lumière, vous ne voulez pas que le peuple voie; vous tenez obstinément à la perpétuité de son ignorance et de son abrutissement, pour mieux le faire agir à votre guise. Croyez-vous par hasard que tout ceci s'accorde avec vos principes religieux? Comment ferez-vous concorder toutes ces choses ensemble? Comment prouverez-vous que Dieu nie le progrès, et que dans sa bonté il puisse refuser aux malheureux l'amélioration de leur position sociale, intellectuelle et morale? Comment expliquerez-vous l'injustice de votre système qui veut tout pour les uns et rien pour les autres, qui condamne éternellement au *statu quo* une certaine catégorie de mortels nés dans une condition infime et malheureuse? Pourquoi voulez-vous refuser à l'homme du peuple le droit de voter pour qui bon lui semble? n'est-il pas le maître après tout de choisir qui lui plaît? lui refuserez-vous son contingent d'intelligence, lorsque vous savez très-bien prendre sa part de sang et d'argent?

Lorsque la guerre est déclarée, on l'appelle sous les drapeaux, on lui fait subir les fatigues, les privations, les souffrances de toute sorte; on le met en face des boulets meurtriers, on se sert de lui comme d'un vil outil, on ne marchande ni son sang, ni sa vie!

Il obéit! — Il sait qu'il doit à sa patrie toute l'énergie de son corps, tout le patriotisme de son cœur.

Dans ses foyers, on réclame de lui d'onéreux impôts qu'il ne refuse jamais de payer intégralement avec l'or qu'il a péniblement gagné. Mais aussi, quand il s'agit de redevenir l'homme qui pense, il relève fièrement la tête; alors, il veut être libre; il s'insurge contre toute violence, il veut sa volonté pleine et entière, et comme il a eu sa part dans les diverses luttes où il a jeté aveuglément et sa sueur et son sang, il veut aussi participer au grand combat intellectuel!

Voilà pourquoi le 12 octobre nous venons d'entendre la plus formelle des protestations contre les agitations monarchiques; voilà pourquoi, le 12 octobre,

le peuple a voulu montrer qu'il était son maître et
que nul n'avait le droit de rejeter un seul de ses
décrets !

Vous avez voulu le museler, il a résisté ! il veut
pouvoir faire entendre sa forte voix dans les luttes
nationales, crier bravo aux héros, arrière aux
lâches, parler ou se taire à sa guise !

Existe-il une seule loi divine qui impose silence
aux vœux que tout mortel formule ? En est-il une
seule qui puisse approuver l'abolition de la volonté
nationale ?

Il est une chose vraiment triste à voir, c'est cette
haine implacable que beaucoup semblent avoir
vouée à leurs frères, il est même écœurant de voir
certains hommes vaillamment doués opposer de
parti-pris un acharnement inébranlable aux œuvres
humanitaires de grands citoyens.

Il est honteux de les voir jeter à la face de leurs
adversaires et l'injure et la boue ! Nous venons de
voir dans la Haute-Garonne M. de Rémusat, le plus
honnête homme que je connaisse, sali et avili par
quelques journalistes. Nous avons vu bafouer ses
actes, nous avons vu insulter ses cheveux blancs !

Le philosophe sage, l'homme probe et charitable,
le grand patriote qui a contribué si largement à la
libération de notre territoire a été qualifié d'anar-
chiste et de démagogue ! Mais sa personnalité est

sortie plus pure encore de toutes ces choses malsaines, il a été le vainqueur digne, et tout ce qu'on a fait pour l'abaisser n'a fait que faire paraître son triomphe plus grand ; car, comme dit le poëte :

> « ..... Son âme est un feu qui brûle et qui parfume
> « Ce qu'on jette pour la ternir. »

Si M. de Rémusat s'était présenté comme candidat monarchiste, les choses ne se seraient pas passé ainsi. On aurait certainement accumulé sur son front toutes les immortalités glorieuses ; mais comme M. de Rémusat était l'ami de M. Thiers, comme on savait que les électeurs de la Haute-Garonne voulaient, en votant pour l'ancien ministre des affaires étrangères, protester contre les vainqueurs du 24 mai, on n'a pas eu assez d'épithètes dépravantes pour lui jeter en pleine figure !

Mais enfin ! pourquoi donc tant de colères, de haines et de fureurs ? Luttez plus noblement ! Laissez les personnalités de côté, et ne voyez que l'homme politique ! Vous, les conservateurs ! vous êtes les premiers à susciter les rancunes, vous êtes les premiers à troubler l'ordre !

Pensez-vous être les vrais disciples de la paix en organisant chaque jour de pareilles manœuvres ! Pensez-vous que la guerre civile soit éloignée si vous parvenez à nous faire revenir à une restauration ?

Vous devriez comprendre l'imprudence de votre tentative ! Les faits, les actes, les paroles, les écrits parlent ! Libre à vous de ne pas tenir compte de ces milliers d'avertissements que les événements actuels font défiler sous vos yeux, font crier à vos oreilles !

Vous ne pourrez jamais imposer une chose qui, même acceptée, ne le serait qu'à contre-cœur ? Voulez-vous donc vous briser contre le torrent populaire ? Prenez garde, en ce cas, la témérité serait de la démence ! Ne mettez pas le feu aux poudres, laissez la France se réorganiser en paix. Une révolution est toujours horrible : les institutions renversées, le commerce, l'industrie, l'agriculture enrayés, les têtes coupées, les corps mutilés, la nation entière bouleversée, est-ce donc là un avenir bien désirable ? Ne pourrons-nous donc jamais vivre paisibles sous un gouvernement paisible ? Avons-nous besoin que chaque chef de parti vienne à chaque instant nous exposer son système ? Qui veut Bourbon ? Qui veut d'Orléans ? Qui veut Bonaparte ? L'un vient de Chislehurst, l'autre de Frohsdorf ; celui-ci a causé dernièrement avec le comte de Paris et il vient nous raconter tout au long l'entretien intime !... Tout cela nous intéresse fort peu. Le comte de Chambord est un parfait honnête homme, mais avec lui reviendraient une partie des priviléges d'autrefois ; ce n'est plus le gouvernement du jour. Avec les d'Orléans nous aurions encore toute la longue série d'abus que la monarchie traîne inévitablement après elle. Avec Bonaparte, nous aurions l'entêtement, la démoralisation, la cruauté des usurpateurs.

Ce qu'il nous faut, ce que nous demandons, ce que ces quatre élections viennent de réclamer à grands cris, c'est la République ! La République sage, moralisatrice, la République où l'impartialité, la charité, le progrès, le patriotisme soient souverainement pratiqués. C'est le vœu de tout honnête homme !... Vous avouez vous-mêmes que le principe républicain est le plus grand de tous ; alors pourquoi ne pas faire tous vos efforts pour le maintenir et le consolider ? Vous assurez, avec votre raisonnement invariable, que la théorie est sublime, mais que la pratique est impossible !

Les trois années qui viennent de s'écouler sont la preuve irrécusable du contraire. Tenez compte des immenses difficultés vaincues, de l'état d'abaissement dans lequel la France était tombée, des sommes fabuleuses qu'il y avait à payer, du pays ravagé et presque ruiné, et dites-nous ensuite quel est le gouvernement assez puissant pour pouvoir lutter victorieusement contre la République fondée dans ces conditions, les plus défavorables et les plus difficiles ! Comment ? L'ennemi était au cœur du pays et le rongeait ; nous n'avions plus d'armées, plus d'argent, plus de force ; nous étions atterrés moralement et physiquement ; chaque jour quelque nouveau désastre, chaque jour quelque ville rendue, quelque honteuse capitulation ! — Eh bien ! sous le feu des Prussiens, la République a levé des armées, elle a formé des soldats qui, sans aucun principe militaire, mal nourris, mal vêtus, mal armés, quelquefois même mal commandés, ont vaincu de vieilles troupes expérimentées à Coulmiers, à Nuits, à Bapaume, etc., etc., ont résisté six mois dans la neige, sur un sol durci par la gelée, au milieu de l'atmosphère de découragement qui régnait partout en France, ont vaillamment tenu tête à l'invasion, ont conservé intact l'honneur national si gravement atteint, et ont prouvé aux autres peuples que le patriotisme n'était pas encore complétement banni de nos foyers !

Comment ? Dans trois ans, nous sommes sortis vainqueurs de la guerre civile, nous avons reformé de nouvelles troupes, fondu de nouveaux canons ; nous avons rebâti nos monuments détruits ; nous avons jugé beaucoup de coupables, lavé bien de nos taches ; nous avons jusqu'au dernier sou payé cinq milliards à l'ennemi sans que notre équilibre financier en ait été un seul instant compromis ; nous avons reconquis aux yeux de l'Europe attentive le prestige de la puissance et de l'intelligence ; nous avons vu partir le dernier soldat prussien épouvanté lui-même de notre force après tant de désastres ; nous avons prouvé jusqu'à quel point était fabuleuse notre vitalité nationale ! Et l'on veut nier encore que la République ait été durant ces trois années au-dessus de tout ce qu'on pouvait prévoir, au-dessus même des tâches les plus sublimes ?

Et c'est aujourd'hui, lorsque tout le travail pénible a été fait, lorsque nous sommes redevenus ce que nous étions autrefois ; lorsque tout ce qui était presque impossible d'exécuter a été exécuté ; lorsqu'enfin la République a rendu la vie à la France agonisante, que vous venez, arrogants, pour jeter ignominieusement à la porte la charitable qui a pansé les plaies, qui a fermé les blessures, et qui a fait revenir l'espérance là où il n'y en avait plus !

Certes ! ce serait là une singulière reconnaissance ; et je ne sais pas si les ingrats qui jetteraient à terre la sublime régénératrice ne sentiraient pas au fond de leur cœur un sentiment de douleur et de respect devant cette grande chose tombée.

On peut alléguer beaucoup de raisons, en nier beaucoup d'autres, on peut écrire beaucoup et parler encore plus, on n'empêchera pas de reconnaître que l'œuvre de 1870, 71, 73 est une œuvre glorieuse !

On ne pourra pas rayer de l'histoire les faits accomplis ; on ne pourra pas tromper la raison en montrant le bien comme le mal, le patriotisme comme la lâcheté ! On ne pourra jamais faire croire que ceux qui ont rendu ignominieusement leurs armes à l'ennemi seront dans la postérité classés au même rang que ceux qui se sont battu opiniâtrément jusqu'au dernier jour, qui n'ont jamais rompu d'une semelle, qui ne se sont jamais découragé, et qui toujours fermes dans leur amour pour la patrie préféraient plutôt voir la France morte qu'avilie. On ne pourra jamais transformer les rendeurs inactifs de places fortes en héros, les parlementaires en guerriers ; on s'efforcerait en vain de vouloir prouver que les généraux qui, au lieu de se battre, péroraient, valaient autant que les rudes défenseurs de Belfort, qui répondaient à coups de canon aux avances de l'ennemi !

La postérité fera justice de tout cela. Elle sait honorer les lutteurs désespérés de la dernière heure, toute cette héroïque phalange de martyrs qui commence à Léonidas et qui se continue par Cambronne. Les

Russes brûlant Moscou, les Espagnols toujours vaincus résistant quand même à Napoléon Ier, seront éternellement admirés ; et la République de 1870, meurtrie, traquée, battue en brèche de tous côtés et sortant victorieuse de ses défaites aura, quoi qu'on en dise, une belle page dans l'immortalité ! D'ailleurs, la République est surtout le gouvernement des grandes crises, et c'est ce qui nous prouve sa force ; lorsque tout autre gouvernement est impuissant, on a de suite recours à elle. Elle prend les rênes du char de l'Etat lorsque les chevaux ne connaissent plus le mors et s'insurgent ; quand on ne peut plus les diriger, elle, confiante et énergique, d'une main ferme ramène par sa douceur et sa logique les rebelles effarouchés.

Ceci se comprend parfaitement : la République est l'opposé de la tyrannie ; qui dit République dit persuasion, qui dit tyrannie dit violence. La première doit régner avec le concours de tous, la seconde ne commande qu'avec le caprice d'un seul. La première raisonne tous ses actes, vu que plusieurs les contrôlent ; la seconde n'obéit qu'à elle-même. La première prend l'avis de tous et se trompe rarement, puisque se croyant faillible elle prend plus de précautions pour ne pas se tromper ; la seconde, se croyant infaillible, pèche par cela même plus souvent. La première est l'avenir, la lumière, le progrès ; la seconde c'est le passé avec ses superstitions et ses sombres coutumes.

Donc de tout ceci que conclure ? C'est que devant progresser toujours, l'homme n'est pas fait pour croupir éternellement dans les mêmes habitudes et les mêmes conditions ; qu'il ne faut pas qu'il laboure sans cesse le même sillon ; qu'il faut, au contraire, qu'il aille de l'avant pour tacher d'atteindre le plus de perfection possible, d'acquérir le plus de bien-être. Nos pères ont suivi leur chemin, suivons le nôtre : autre temps, autres mœurs. C'est pour cette raison que nous voulons la République, que nous la désirons du plus profond du cœur.

Quatre départements ont parlé, leur vote est affirmatif ; une majorité écrasante a acclamé les quatre députés démocrates. Ce fait nous montre véritablement les aspirations unanimes du peuple, nous fait toucher du doigt le vœu qu'il forme pour l'établissement définitif de ce gouvernement essentiellement humanitaire, puisqu'il est assis sur les bases que constituent ces trois principes de l'Evangile : Liberté, Egalité, Fraternité !

15 octobre 1873.

Toulouse, imp. Pradel, Viguier et Boé, rue des Gestes, 6.

www.ingramcontent.com/pod-product-compliance
Lightning Source LLC
Chambersburg PA
CBHW050727070726
47597CB00009B/3825